सफलता की कुंजी

सफलता प्राप्त करने के अचूक तरीके

नन्हे कुमार गौतम

यह पुस्तक मेरी मां और पिता को समर्पित है, जिन्हों ने मुझे शिक्षा दिलवाने का सुनहरा काम किया।

क्रम-सूची

प्रस्तावना

मैं अपने जीवन के अध्ययन के पश्चात इस निष्कर्ष तक पहुंचा हूं कि दुनिया में जितने लोग सफल इंसान बने हुए हैं l उन सभी का कारण उनके सपने,इच्छा शक्ति,दृढ़ संकल्प,खुद पर भरोसा, इत्यादि ऐसेतत्व हैं जो उनके जीवन को वह आयाम प्रदान किया l जिससे वह पूरे संसार में एक प्रतिष्ठित इंसान के रूप में उभरे हैं l और मानव समाज को उन्नति के रास्ते पर ले कर गए, उनके सृजन करने की क्षमता उनके खोज करने की प्रवृति l हम मानव के लिए वह सारी चीज देकर गए हैं जो हमारी आवश्यकता हैl आज हम उन्हीं के बदौलत अपने जीवन के सुख सुविधा से लैस किए हुए हैं l उनके ही सफलता के कारण आज हम हर वह चीज आसानी से प्राप्त कर सकते हैंl अगर आप भी एक सफल इंसान बनना चाहते हैं तो आप सही जगह आए हैंlआप इस किताब को पढ़ें और इसको अमल में लाएं और अपने जीवन को उस शिखर तक ले जाएं जहां तक आप जाना चाहते हैं l

नन्हे कुमार गौतम(B.A,M.A,B. Ed,LL. B)

खण्ड 1

हम सपनों की दुनिया मेंरहते हैं

1

सपना देखना ना भूलें

हमारे जीवन में सपनों का बहुत महत्व है l हम अपने सपनों के ही बल पर पूरी दुनिया जीत सकते हैं l हमें हमारे सपने हमको आगे बढ़ने में प्रेरणा देतेहै l हमारे हर ख्वाहिशों को पूरा करने में सहायता प्रदान करते हैं l हम बचपन से लेकर मरने की अवस्था तक कुछ ना कुछ सपना देखते रहते हैं l उसे पूरा करने का इच्छा भी रखते हैं l हमारा सपना जीवन के उस लक्ष्य को पूरा कर देता है जो हम पूरा करना चाहते हैं l हमारे सपनों में वह ताकत है जो उस काबिल बना देता है जैसा हम बनना चाहते हैं l हमें अपने सपनों के हर बातों को बहुत ही गहनता से सोचना चाहिए और उसे समझने का बार-बार प्रयास करना चाहिए अगर हम ऐसा करते हैं तो हमें पता चलेगा कि हमारा सपना कितना महत्वपूर्ण है जब हम को यह पता चल जाता है कि हमारा सपना वाकई में बहुत ही प्रभावशाली है तो हम उस सपने को पूरा करने के लिए दिल जान से मेहनत करने लगते हैं l उसको पूरा करना हमारा लक्ष्य बनजाता है l वह सपना जब तक पूरा नहीं होता है तब तक हम चैन की सांस नहीं लेते हैं l रात हो या दिन हो हम हर पल हमारे सपने हमारे नजरों के सामने दिखाई देते हैं जैसे

"कोई व्यक्ति अपना घर बनाने का इच्छा रखता है तो उसकी नजरों के सामने हर पल उसका घर बना हुआ दिखाई देता है अगर वह ऐसा नहीं देखता तो वह अपने घर बनवाने का जो सपना है वह पूरा नहीं कर सकता"

हम चाहे कोई भी परिस्थिति में हो हमको सपना देखना नहीं भूलना चाहिए 1 अगर आप अपनी सपने को पूरा करने के लिए समय दे दी है फिर भी विफल हो जाते हैंतोनिराश ना होएयह वक्त निराश होने का नहीं है1 यह वक्त प्रतिस्पर्धा का है अगर आप अपनी सपने को पूरा करने के लिए जान पर नहीं लगाएंगे तो दुनिया आपको ठुकरा कर आगे निकल जाएगीवहीं पर आप अपने नाकामयाबी का शोक मनाते ही रह जाएंगे 1 यह बात सत्य है की अगर आप संघर्ष करते समय ना कामयाब होते है तो फिर भी आप सफलता की राह में कुछ दो कदम आगे ही बड़े होते हैं उस समय आपको थोड़ी औरचलने की जरूरत होती है 1 आगे बढ़ने के लिए अगर हम थोड़ा सा मेहनत और कर ले तो कोई भी असफलता हमें सफल बनाने से रोक नहीं सकती 1 इसलिए हमको हर पल अपने कामयाब होने के लिए खुद को जिंदा रखना होगा और अपने भीतर जितने भी सपने बुने हैं 1 उसको भी जिंदा रखना होगा इस दुनिया में जिसका सपना टूट जाता है 1 इस दुनिया में जो सपने छूट जाते हैं1 वह व्यक्ति उसी तरह अधूरा हो जाता है 1 जिस तरह मरते वक्त हमारी आत्मा छूट जाती है 1 इसलिए मैं कहूंगा कि

सपना मारनेसे पहले खुद ही मर जाओ , सपने के मर जाने के बाद हमारी जिंदगी कुछ नहीं होती

हमें हमारी सोच और सपने का सम्मान करना चाहिए, चाहे सपना छोटा हो या बड़ा हो वह सारे हमारे ही होते हैं 1 अगर आप अपने सपने का सम्मान नहीं करते हैं 1 तो आप जीवन में कभी सफल इंसान नहीं बन सकते हैं 1 आपको सफलता पाना है तो अपने सपने के साथ उन सारे लोगों का सम्मान करें जो लोग आपके सपना पूरा करने में सहयोग प्रदान करते हैं 1 अगर आप ऐसा नहीं करते हैं तो आपका सपना उसी रेतकेघरके समान हो जाएगी जो एक क्षण में लहरआएंगी और उसे तबाह कर केचली जाएगी आप केवलरेत के टुकड़े को ही समेटें रह जाएंगे1 और आपके हाथों में रेत के थोड़े से कण आपके साथ होंगे 1 इसलिए आप अपने सपने का सम्मान करें और उसे चरम उत्कर्ष प्रदान करें अगर आप

ऐसा करते हैं 1 तो आपका सपना पूरा भी होगा और आप सफलता के उन तमाम हस्तियों के साथ जुड़ जाएंगे जो आज अपनी सफलता के कारण पूरे दुनिया को अपनी मुट्ठीमें भर चुके हैं और अपना दम पूरी दुनिया को दिखा रहे हैं 1 आप भीऐसा करते हैं तो आप भी दुनिया के उन मशहूर लोगों में शामिल हो जाएंगे जो मानव के कल्याण के लिए अपना जीवन ही समर्पित करदिए और सदैव मानव के कल्याण को ही अपना परम कर्तव्य मानते रहे है 1 यह सपना उन्हीं का है,यह सपना आपका भी होगा,यह सपना आने वाले जितने भी मनुष्य होंगे उनका भी होगा, और हर मनुष्य इसी सपने के बल पर अपनी ऊंची उड़ान उड़ेगा और सफलता की उस परम उत्कर्ष या गौरवपूर्ण जीवन का आनंद लेगा 1 वह अपने कर्म के और सपने के बल पर हर पल खुश रहेगा 1 आप भी अपने सपने के बल पर ऊंची उड़ान उड़ सकते हैं उन्हीं लोगों की तरह जिन लोगों को दुनिया जानती है 1 यह सपने हमारे हैं इस सपने को पूरा करना हमारा दायित्व हैंहै अगर हमको दुनिया के अग्रणी लोगों में शुमार होना है तो हमको अपने सपने की उड़ान उड़ना ही होगा 1 हमको भी अपने पंख बनाने होंगे 1 हमको भी उस गगन को भेजना होगा जिस गगन को छूने के लिए आज दुनिया के तमाम हस्तियां तैयार हो गए हैं 1 आप भी तैयार हो सकते हो, हम भी तैयार हो सकते हैं 1 हम सब भी हो सकते हैं अगर हमारा जो सपना है उसको पूरा करने के लिए संकल्पित हो उस सपने को पाने के लिए इच्छा अपार हो उस सपने को वास्तविक देने के लिए हमारे पास ताकत हो तो हम भी उस गगन को छूने में थोड़ा सा भी देर नहीं लगेगी और हम भी उन सारे मशहूर लोगों में शामिल हो जाएंगे 1 क्या आप भी मशहूर होना चाहते हो? तो आओ हम प्रण लेते हैं कि हम अपने सपने को साकार देंगे हम अपने सपनों को आकार देंगे हम अपने सपने को दुनिया को दिखाएंगे यह हमारा सपना हैं आओ हंसने वाले देख लो यह है हमारा सपना 1 जब हम ऐसा संकल्प करते हैं तो हमको यह दुनिया सलाम ठोकेंगी हमारे आगे यह दुनिया झुकेगी और पूरी दुनिया ही हमारी होगी और इस दुनिया में हम उस दुनिया काउगते हुए सूरज के समान होंगे जो सारे जगत को प्रकाश से भर देंगे और हमारी किरणों से दुनिया में आने वाली पीढ़ियां पुष्पित पल्लवित और सुशोभित होगी और हमें

याद करके हर पल वह गौरव महसूस करेगी और वह भी इस सपने को पूरा करने में अपने संघर्ष में पूरा दिल और जान लगा देंगे इसीलिए मैं कहता हूँ–

हमारे सपने हीहमको दुनिया कास्वामी बनाता है ।

2

इच्छा की अपार शक्ति

इच्छा मनुष्य का वह सुरक्षा कवच है जो हर पल मनुष्य को आगे बढ़ने में मदद करती है। अगर मनुष्य को इच्छा ही न हो तो वह मनुष्य दुनिया में सबसे बेकार व्यक्ति होगा। इसलिए हमको इस इच्छा शक्ति को बहुत ही अच्छी तरह से समझना चाहिए अगर इच्छा शक्ति को नहीं जान पाते तो उस व्यक्ति को दुनिया कभी भी सम्मान नहीं देगी उस व्यक्ति को दुनिया कभी भी अपने आने वाले लोगों से बताएंगी नहीं इसलिए हमको अपनी इच्छा की शक्ति को समझने की जरूरत है अगर हम अपनी इच्छा शक्ति को समझ लेते हैं और इस इच्छा को पूरा करने का पुरजोर समर्थन करते हैं तो हम अपनी सपना को पूरा करने में चार कदम आगे ही बढ़ जाते हैं। हमें इच्छा हर पल गुरु के समान है आगे बढ़ने का रास्ता देती है और कुछ करने के लिए प्रेरणा जगाती है, जिससे हम अपने जीवन को धन्य कर लेते हैं, जिससे हम अपने जीवन को कामयाब बना लेते

हैं, जिससे हम अपने जीवन में सफलता प्राप्त करते हैं, हमको अपनी इच्छा को कभी मरने नहीं देना चाहिए, हमको अपनी इच्छा को हर पल अपने भीतर सजा कर रखना चाहिए। यह इच्छा हमारे जीवन को हर पल कुछ न कुछ ऐसा देकर जाती है जो हम अपने कर्म पर गर्भ करते हैं। हम अपने जीवन के हर क्षण में खुशियां महसूस करते हैं। वैसे तो आप शास्त्रों में देखेंगे तो आपको यह बताते हुए मिल जाएंगे कि मनुष्य का इच्छा ही दुख का कारण है। मगर मैं इन बातों से सहमत नहीं हूं अगर मनुष्य के भीतर इच्छा ही नहीं रहेगा तो उसके भीतर कुछ करने के लिए ऊर्जा ही नहीं बन पाएगा आप भी सोच सकते हो कि जब हम किसी चीज को पाने की इच्छा करते हैं, तो हम उसे पाने के लिए हर वह सारी कोशिश करते हैं जिससे हमें वह प्राप्त हो जाए इसको समझने के लिए मैं उस

"नवजात शिशु के विषय में बात करूंगा जिसको दूध पीने की इच्छा जगी होती है और वह दूध पीने के लिए जोर-जोर से चिल्लाता है जब वहां जोर- जोर से चिल्लाता है तब उसकी मां अपने कामों में व्यस्त होने के बावजूद भी उस काम को छोड़कर अपने पुत्र को दूध पिलाने के लिए भागी चली आती है और वह अपने पुत्र को उसके इच्छा के अनुकूल दूध पिलाती है जब तक वह दूध पीने से इनकार ना करें दें"

यह मानव जीवन के लिए बहुत ही प्रेरणा भरा समय होता है। हमारा जन्म हो जाने के बाद हमारे पहली इच्छा मां का दूध पीना होता है। और हम उस इच्छा को पूरा भी कर लेते हैं। हम उस समय अपनी इच्छा को

पूरा कर लिएतो आज क्यों नहीं कर पाएं गे,आज तो हमारे पास वह सभी चीज है जो हमारे इच्छा को आकार देने में हमारी मदद करते हैं

आज भी वही इच्छा हमको हमारे सपनों को पूरा करने में सहायता करती हैं। हम अपने बचपन के उन सारे क्रियाओं को भूल चुके हैं जिससे हम हर पल सफलता पा जाते थे। चाहे वह मां का दूध हो,चाहे वह मां का प्यार हो,चाहे वह पिता का प्रेम हो, चाहे वह पिता से कुछ भीपाने की इच्छा। हम हर पल सफल ही रहते थी। हम आज भी अपनी इच्छाओं को पूरा करने के लिए तमाम वही कोशिशें करते रहे जिससे हमारी इच्छा पूरा होते हैं तो आज भी हम छोटे बालक की तरह सफलता प्राप्त कर लेंगे और उसे प्राप्त करने में हमको थोड़ा सा भी समय नहीं लगेगा।

बहुत सारे लोगों के मन में यह प्रश्न उठता होगा कि बचपन की इच्छा छोटी होती है और आज की इच्छा बड़ी है तो कैसे हम इच्छाओं को पूरा कर पाए गे,तो मैं यह सुझाव देना चाहूंगा किइच्छाएं चाहे छोटी हो या बड़ी हो इच्छाएं होती है और उसे पूरा करने के लिए उस छोटे बालक की तरह संघर्ष उतना ही आज हम भी करते हैं। छोटा बालक की छोटी इच्छाएं होती है और हमारी बड़ी इच्छा है। आज हम बहुत ही आगे हैं। हम अपनी इच्छा को पूरा करने के लिए उस छोटे से बालक से कहीं आगे हैं। हम वह हर चीज हासिल कर चुके हैंजो हमारी आवश्यकता ओ को पूरा कर सर्कें। वह आवश्यकता जो हमको खुशी, आनंद, स्वाभिमान, धन दौलत,धनवान बना देती है। हमको अपनी इच्छा की ताकत को समझना ही होगा अगर हम अपनी इच्छा को नहीं समझ पाएंगे तो उसकी ताकत या शक्ति को हम नहीं पहचान पाएंगे जब तक हम अपनी इच्छा शक्ति को उस उचित या अनुचित के बारे में पूर्ण रूप से ज्ञान प्राप्त कर लें तो हम अपनी इच्छा को कंट्रोल करें सही दिशा में अग्रसर नहीं कर पाएंगे। इसलिए हमको अपनी इच्छा को जानना हीहोगा। चलिए आज हम समझते हैं कीहम अपनी इच्छा को कैसे नियंत्रित करते है।

आए दिन हमारे मन में इच्छाएं तीव्र गति से बढ़ते जा रहे हैं। हम उसे पूरा करने के लिए अपनी सारी शक्तियां लगा दे रहे हैं फिर भी हमारी इच्छा अधूरी हो जाती है। उसे हम पूरा कर नहीं पाते हैं इसका कारण यह है कि हमारी इच्छा शक्ति कितनी प्रतापीहै हमको थोड़ा साठहरना और

मूल्यांकन करना चाहिए जिससे हमारे इच्छा को सही दिशा मिलसके अगर हम ऐसा करते हैं तो हमारी इच्छा सही दिशा में होगी और वह हर पल हम को आगे बढ़ने के लिए रास्ता खोल देगी 1 इच्छा की शक्ति में यही नियम होता है अगर हम इच्छा शक्ति कोंसमझ लेते हैं तोहमारी सारी ख्वाहिश, सारी इच्छाएं, सारी जरूरतें,सारी आवश्यकताऐ क्षण भर में पूरा हो जाता है 1 यहां एक गरीब मजदूर के बारे में बताने का प्रयास करूंगा कि "कोई भी मजदूर कितना भी काम कर ले लेकिन समाज में उसको ख्यात नहीं प्राप्त होगा और ना ही वह अमीर बन पाएगा, हां अगर सफलता की हम बात करें हां तो वह अपने कार्य से ही सफलता पा लिया है अगर हम इच्छाओं की बात करें तो वह अपने आप इच्छा अनुकूल हर इच्छाओं को पूरा कर लिया है अगर हम अमीर बनने के बाद करें तो वह आज भी उसी स्थान पर खड़ा है जिस स्थान से लोग आगे बढ़कर उस परम शिखर तक पहुंचाते हैं जो सफलता का परम शेखर है 1 क्या आप भीमजदूर बनना चाहते हैंयादुनिया का सबसे अमीर व्यक्ति बनना चाहते हैं? अगर मजदूर बनना चाहते हैं तो आप हर पल सफल है अगर आप अमीर व्यक्ति बनना चाहते हैं तो इसके लिए मेरी किताबें पढ़नी होगी और इसके अनुसार अपने जीवन को बेहतर करना होगा हां मैं आपकेबीच में आज दुनिया का वह रहस्य बताने जा रहा हूं, जिसे अपना कर दुनिया के सारे व्यक्ति सफलता प्राप्त किए हुए1 अगर आपके भीतर किसी प्रकार की इच्छा हीन होतो आप क्यों कुछ करना चाहेंगे इसलिए हर इच्छा को सजा कर रखना चाहिए, इच्छा की शक्ति ही हमारी सारी आवश्यकता को पूरा करती हैं जिसका हमको जरूरत होती है 1

जिस प्रकार से भारत देश में इच्छा शक्तिका विरोध किया गया है वही दुनिया के अन्य देशों में जाकर लोगों को सफल बनाया हैयहफिर से हमारे जीवन में वापस लौट चुका है और इस इच्छा शक्ति को हमको बहुत ही प्यार से स्वागत करना चाहिए अगर आप भींदुनिया के उन तमाम लोगों में शामिल होना चाहते हैं और सफलता पाना चाहते हैं तू इस इच्छा शक्ति

की ताकत को समझेनहीं तो आज भी हम उसी गरीबी, लाचारी बेरोजगारी,केजंजीरों में जकड़े रहेंगे जैसे सदियों से हम जकड़े हुए हैं आज हमारे मौका है गरीब को दूर करनाका,इस भुखमरी को दूर करने का,इस लाचारी को दूर करने का अगर हां उन अमीरों के साथ आप लोग भी खड़े हो जाते हैं तो दुनिया में गरीबी बहुत ही कम दिखाई देगी हां इन l अमीरों में दो प्रकार के अमीर होते हैं पहला वह जवाब नहीं झोली भरना चाहता हूं l दूसरा वह जो खुद तो अमीर होते हैं मगर वह दूसरे को भी अमीर देखना चाहते हैं इसी दृष्टि को प्रस्तुत करते हुए मैंने यह किताब आपके समक्ष रखा आज हमारी भी बारी है कि हम अपनी इच्छा शक्ति से इस दुनिया को बदलेंगे इस दुनिया को वह आयाम देंगे जो किसी ने नहीं दिया हम उन पुराने परंपराओं के पीछे नहीं भागें गे जो हमको कहता है कि

"संतोष से परम सुख मिलते हैं"

क्या आप इन बातों से सहमत हैं अगर आप सहमत होंगे तो आप कभी सफलता प्राप्त नहीं कर पाओगे दुनिया में सुख नहीं प्राप्त कर पाओगे अगर ऐसा होता चला होता तो दुनिया में जितने गरीब व्यक्ति हैं संतोष करके एक ही रोटी में अपना पूरा जीवन व्यतीत कर लेते हैं और जिस सुख की वहां तलाश करते हैं वह सुकून नहीं मिल पाते हैं आए दिन दर-दर भटकते रहते हैं l अगर आप भी इस जिल्लत की जिंदगी से आगे निकलना चाहते हैं l इस जगत में सफलता प्राप्त करना चाहते हैं तो इन पुरानी परंपराओं को छोड़ना होगा और नवीन परंपराओं को ग्रहण करना पड़ेगा l आधुनिक युग औद्योगीकरण का युग है इसमें जिसकी जितनी इच्छा शक्ति होती है वह उतना ही कामयाब होता है जिसकी इच्छा शक्ति कम होती है वह आज भी असफलता के उच्च स्तर तक

ठोकरें खाता रहता है अगर सफल बनना है तो आप भी उस इच्छा शक्ति को साधने का काम करें और अपना जीवन को बेहतर जीवन बनाएं और दुनिया के साबुन तमाम लोगों में अपना भी नाम जोड़ने का इच्छा रखने दो दुनिया को आज भी एक रहस्य का पत्थर जैसा छपाता रहता है1 वह यह बताने का प्रयास करता है कि मेरे पास एक अद्भुत रहस्य है जिसके कारण में सफलता प्राप्त किया हूं

"अगर दुनिया में सफल होना है तो अपनी पुरानी परंपराओं को तोड़कर अपनी इच्छा शक्ति को ऊंची उड़ान दीजिए"

3

दृढ़ संकल्प की ताकत

हमें अपने सपनों को पूरा करने के लिए इच्छा और दृढ़ संकल्प की बहुत ही जरूरत होती है। हम किसी भी काम को करने का मन बनाते हैं तो हमको अपने इच्छा पर काफी दृढ़ता दिखानी पड़ेगी नहीं तो यह इच्छाएं उसी प्रकार खत्म हो जाएगी जिस प्रकार अनेक इच्छाएं खत्म हो जाती हैं। इन इच्छाओं को बचाने के लिए हमको दृढ़ संकल्प की जरूरत होती है। अगर हम दृढ़ संकल्प लिए बिना ही कोई कार्य करने का मन बनाते हैं तो उसमें हमारी रुचि धीरे-धीरे खत्म होने लगती है और उस काम को पूरा करने से पहले ही हम खुद को कमजोर महसूस करने लगते हैं। इस दुनिया में जितने महान पुरुष हुए हैं। वह सारे लोग दृढ़ संकल्प शक्ति को समझ चुके थे। अगर उन्होंने भी हमारे ही जैसे सोचा होता तो आज वह दुनिया के सर्वश्रेष्ठ इंसान नहीं बन पाते ना ही हमारे बीच में आज प्रस्तुत होते।

दृढ़ संकल्प की ताक़त इतनी मजबूत होती है कि हमको यह हर पल राह दिखाते रहते हैं। और हमको थकने से बचाते हैं। यह दृढ़ संकल्प की हमारे जीवन के लिए हर क्षेत्र में बहुत ही जरूरत होती है। आप जोबनना चाहते हैं हर वक्त दृढ़ संकल्प की अहम भूमिका होती है। चाहे आप IAS बनना चाहते हो, चाहे आप IPS बनना चाहते हो, चाहे आप बड़े व्यापारी बनना चाहते हो, चाहे आप पढ़ना चाहते हो, चाहे आप क्रिकेटर बनना चाहते हो, चाहे आप एक अच्छा खिलाड़ी बनना चाहते हो , इत्यादि सारे क्रियाओं में दृढ़ संकल्प का होना आवश्यक है।

महात्मा बुद्ध एक राजा के परिवार से होते हुए भी सत्य की खोज में निकल pde the इनका परिवार उनको उन सारे आवश्यकताओं को पूरा करने के लिए तत्पर था। राजा शुद्धोधन के लिए वह सारा प्रयास किए गया जिससे महात्मा बुद्ध सन्यासी ना बने, लेकिन महात्मा बुध के अंदर जो भी रोग उत्पन्न हुआ उस रोग की तलाश अर्थात सत्य की खोज में निकल पड़े इनकी दृढ़ संकल्प नेही उनको उस काबिल बना दिया कि आज विश्व के सबसे बुद्धिमान व्यक्ति के रूप में जानेगये है। इन्होंने जो सिद्धांत प्रस्तुत किए हैं वह सिद्धांत आज भी उसी प्रकार लोगों के हितों के लिए है जैसा पहले था उन्हों ने विज्ञान वाद का जन्म दिया और पूरे विश्व में तर्क और बुद्धि से दुनिया को समझने के लिए प्रेरणा प्रस्तुत किया उनके विचारों में सभी सृष्टि के सभी जीव एक समान है। ना कोई जाति, ना कोई मजहब, ना कोई धर्म कि वह विरोधी थे बल्कि उन्होंने भिखारी हुए जातियों को एक किया और पूरे विश्व के मनुष्यों को जोड़ने के लिए काम किया उनकी यह सिद्धांत जो जीव हत्या ना कराना था। वह आज भी इतना प्रासंगिक है जो पहले था। उन्होंने अपने दृढ़ संकल्प के द्वारा अपने ज्ञान को प्रसारित किया जो मानव के कल्याण के लिए बहुत ही लाभदायक है।

आज भी हम अगर दृढ़ संकल्प से कोई भी काम को करने के लिए सोचे तो आज भी हम उसी प्रकार दुनिया को एक आश्चर्यजनक दुनिया देंगे। मनुष्य का धर्म केवल वस्तु को वस्तु की तरह देखना नहीं होता है, मनुष्य का कर्म किसी भी वस्तु को तर्क बुद्धि और कौशल केबलसे समझना चाहिए। हमारे देश में बहुत सारे ऐसे अंधविश्वास फैले हुए हैं

जो हमको आगे बढ़ने से रोकते हैं 1 इसलिए हमको सफल होने के लिए दृढ़ संकल्प की जरूरत है 1 यह दृढ़ संकल्प हमारी सारे सपनों को पूरा करने के लिए बहुत ही अहम भूमिका निभाता है और हम को आगे बढ़ने के लिए हर पल तैयार करताहैं दृढ़ संकल्प प्रयोग आज के हीलोग नहीं कर रहा है 1 बल्कि हमारे प्राचीन काल में भी लोग इसका प्रयोग करते थे 1 हम वेद की बात करें तो वेद में शिव संकल्प सूक्त दृढ़ संकल्प को बढ़ावा देने के लिए है 1 आज भी हमारे पास वह तमाम प्रकार के ज्ञान भरे हुए हैं जो हमको दुनिया बदलने में हर पल मदद करेंगे मगर हमने क्या सीखा है? हमने क्या जाना है? इस प्रकार से हम अपने किए हुए कार्य का मूल्यांकन नहीं करते हैं जिसके कारण से हम आज असफलता हो जाते हैं 1

मैं हर पल अपने पाठक को यही बताना चाहूंगा कि अगर आपको अपने जीवन में सफलता पाना हो तो दृढ़ संकल्प को बहुत ही ध्यान पूर्वक अपना जीवन में होता रहेगा जो काफी लंबा तक चलने वाले हैं अगर आप दृढ़ संकल्प के अच्छाई और बुराई को नहीं जानते तो आप कोई भी कार्य करने में सफल नहीं हो पाएंगे दृढ़ संकल्प की शक्ति आपको हर पल चरम शिखर पर पहुंचाने का प्रयास करती है 1 जहां आप जाना चाहते हैं 1 दृढ़ संकल्प आपके जीवन के विकास में बहुत ही अहम भूमिका निभाते हैं 1 अगर आप किसी भी क्षेत्र में विकास करना चाहते हैं तो दृढ़ संकल्प का होना बहुत ही आवश्यक है 1 आप सुने होंगे की बहुत सारे ऐसे लोग थे जो असफल हुए हैं उनके विषय में यह पता चला कि उनमें कहीं ना कहीं दृढ़ संकल्प की बहुत ही कमी थी 1 अगर ऐसा नहीं होता तो आज वह सफल होते 1 दृढ़ संकल्प का एक बहुत ही बड़ा उदाहरण है प्रस्तुत कर रहा हूं

गुप्त वंश के शासन काल में एक घना नंद नाम का राजा रहता था। वह राजा अपने भोग विलास में इतना लिप्त था कि अपनी प्रजा के विषय में कभी सोचता ही नहीं था एक समय ऐसा हुआ कि पूरे भारत परबाहरी आक्रमण होने वाला था। तभी तक्षशिला विश्वविद्यालय के एक महान गुरु जिनका नाम चाणक्य था। उन्होंने घना नंद के पास एक प्रस्ताव लेकरगयेवह प्रस्ताव यह था कि अगर भारत देश के सभीराजा एक होकर

लड़ाई करते हैं तो भारत देश एक अखंड राज्य बन जाएगा। इस प्रस्ताव को घना नंद नजर अंदाज करते हुए उस गुरु का बहुत ही अपमान करता है और उसे धक्के मार कर बाहर निकाल देता है। तभी वह गुरु एक प्रण लेता है अर्थात वह दृढ़ संकल्प करता है कि मैं घना नंद के वंश का विनाश करूंगा तभी मैं अपना शिखा बनूंगा वह अपने काम में इतना लग जाता है कि एक छोटे से बालक को अपने साथ रख कर उसे युद्ध कौशल और विद्या को सिखा कर उसको एक राजा बना देता है। उस बालक से वह और उसे बालक से है घना नंद का विनाश करता है उस बालक का नाम आगे चलकर सम्राट चंद्र गुप्तमौर्य के नाम से जाना जाता है।

यह कहानी एक ऐतिहासिक कहानी है इस कहानी में जिस प्रकार से दृढ़संकल्प का दोहन किया गया है। उतना अन्य किसी ने नहीं किया गया है। अगर कोई भी व्यक्ति दृढ़ संकल्प कर ले तो पूरी दुनिया को वह जीत लेगा और पूरे दुनिया में अपनी हुनरसे ही पहचाना जाए गा।

अगर आप कोई ऐसे क्षेत्र में काम कर रहे है जिसमें आप असफल हो रहे हैं तो यह किताब आपको बहुत ही मदद करेंगी आपको यह बताएगी कि आप में दृढ़ संकल्प की कमी है। आपको दृढ़संकल्प करना होगा। आप जो भी कार्य कर रहे हैं उसको सच्चे मन और लगन से करते रहे अगर आप दृढ़ संकल्प की शक्ति को जानते हैं तो आप सफलता की राह पर निकल जाते हैं और आपको कुछ ही समय में सफलता प्राप्त होने से कोई रोक नहीं पायेगा दृढ़संकल्प की शक्ति को हमको अपने जीवन में हर काम के लिए उतारना चाहिए अगर ऐसा हम करते हैं तो हमारी हर क्रियाएं सफलता की राहों पर ले जाने में हमारी मदद करें हमें दिल में संकल्प को ऐसे साधना है कि जो हमको सत्य मार्ग के रास्ते पर ले कर जाए दृढ़ संकल्प की शक्ति अच्छाई के लिए भी होती है और बुरे लोगों के लिए भी होते हैं दृढ़ संकल्प अच्छा बुरा का भेद नहीं करता अगर आप इसको अच्छा के लिए प्रयोग करते हैं तो आपको यह वह शिखर प्रदान करेगी जो आप चाहते हैं अगर दृढ़संकल्प का दुरुपयोग करते हैं तो आप उसी प्रकार नष्ट हो जाएंगे जिस प्रकार सूखे हुए लकड़ी में आग लगा देने पर नष्ट हो जाती है इसलिए हर पल संकल्प को साधने से पहले यह ध्यान रखिए यह दृढ़ संकल्प की शक्ति को हम किस कार्य में साधना है

1

दृढ़ संकल्प की शक्ति ही मनुष्य को दुनिया का सबसे सर्वश्रेष्ठ इंसान बनाता है।

दृढ़ संकल्प की शक्ति ही मनुष्य को दुनिया का सबसे सर्वश्रेष्ठ इंसान बनाता है।

खण्ड 2

हम अपने सपनों को पूरा करने में समर्थ है।

4

खुद पर भरोसा करें

अगर आप अपने सपने को पूरा करना चाहते हैं तो सबसे पहले आपको खुद पर भरोसा करना होगा। खुद पर भरोसा जब तक नहीं होगा तब तक आप अपने सपने पूरा नहीं kar पाएंगे हैं। हमको कोई भी काम करते समय उस काम को पूरा करने की दृढ़ संकल्पना के साथ-साथ खुद पर भरोसा करना बहुत ही आवश्यक है। दुनिया के जितने लोग हुए हैं, जो अपने सपनों को पूरा किए हुए हैं, उन सारे लोगों में आत्मविश्वास की बहुत ही बड़ा स्रोत रहा है। अगर यह आत्मविश्वास नहीं होता तो वे लोग दुनिया के सर्वश्रेष्ठ इंसान नहीं बन सकते हैं ना ही हमको यह मकाम तक पहुंचाने में अपना पूरा जीवन दे पाते हैं।

"एक बार थॉमस अल्वा एडिसन अपनी स्कूली पढ़ाई कर रहे थे। उस समय उनके टीचर उनके प्रतिभा को समझन पाने के कारण उनकी मां को एक पत्र लिखा। उस पत्र में यह लिखा गया था कि आपका पुत्र दिमागी रूप से कमजोर है। इसको इलाज की जरूरत है। जब उनकी मां को यह पता चला तो वह चिंतित हो गए, तभी अल्वा एडिसन ने पूछा कि क्या हुआ मां की तुम रो रही हो इस पत्र में क्या लिखा है। तभी उसकी मां बोली,इस पत्र में यह लिखा गया है कि आपका लड़का बहुत ही प्रतिभाशाली है इसके लिए हमारा स्कूल सक्षम नहीं है इसलिए आप अपने बच्चों को घर पर ही पढ़ाई है। एक बार थॉमस अल्वा एडिसन अपने घर के सारे पत्र-पत्रिकाओं को देखा तो उसमें यह कागज उनको

प्राप्त हुआ और उन्होंने इस पत्र को पढ़ा । तब वह बहुत भावुक हो गए । इस घटना से हमें यह पता चलता है कि अगर हम किसी को बार-बार उसकी कमियों को दिखाते हैं तो उसके भीतर आत्मविश्वास की कमी होने लगती है अगर हम उस आत्मविश्वास को बढ़ने दें तो हम एक सफल इंसान बन सकते हैं । यही काम थॉमस अल्वा एडिसन की मां ने किया । मनुष्य का आत्मविश्वास हीउसको सफल बनाता है कभी भी मनुष्य को आत्मविश्वास की कमी नहीं होने देना चाहिए । अगर आत्मविश्वास की कमी होती थॉमस अल्वा एडिसन कभी भी अविष्कार नहीं कर पाता आज हम बल्ब का प्रयोग कर रहे है । इसमें थॉमस अल्वा एडिसन का बहुत बड़ा योगदान है ।

आज हम कोई भी काम करते हैं तो छोटी-छोटी समस्याओं से भयभीत हो जाते है । अपने सपने को वहीं छोड़ देते हैं जहां से हम शुरुआत किए थे । इस संदर्भ में मैं यह कहना चाहूंगा आत्मविश्वास ही वह ताकत है जो हमको प्रेरणा देता है । हम दुनिया को बदलने के लिए जो सपना देखे हैं । वह सपना को पूरा करनाके लिए सबसे जरूरी होती है ।

अगर आपका भी छोटा या बड़ा सपना है तो आप भी अपने सपने को साकार रूप दे सकते हैं । उस सपने को पूरा कर सकते हैं और आप भी वह मकाम हासिल कर सकते हैं जो

मुकाम तमाम बड़े से बड़े लोग हासिल किए हुए हैं । आप जिस क्षेत्र में काम कर रहे हैं । उस क्षेत्र में आप अपने सपने को ढूंढो और वह सपने को पूरा करने के लिए आत्मा विश्वास को बढ़ाते रहो । आत्मविश्वास ही हमारे जीवन के हर आवश्यकता ओं को पूरा करता है । अगर आत्मविश्वास नहीं होता तो हम कोई भी काम नहीं कर पाते । आप बचपन से लेकर आज तक कुछ ना कुछ करते आए हैं । बचपन से लेकर आज तक आपका छोटा या बड़ा हो सपने सभी के होते हैं । हम उन सपनों को हर पल पूरा करने का प्रयास करते हैं । आप वह दिन याद कीजिए जिस समय आप छोटे बच्चों के साथ खेला करते थे । छोटे बच्चों के द्वारादी गई चुनौतियों को आप खुद पर विश्वास करके उन चुनौतियों को पूरा कर देते हैं और पूरा करने के बाद आप बच्चों के समाज में एक सफल व्यक्ति बन जाते हैं । आज भी हमारे जीवन में हमारे सपने उसी

प्रकार कर सकते हैं, जिस प्रकार हम बचपन में करते आए हैं। आज भी अगर आप लाभ और हानि के चक्कर में ना पढ़कर अपने सपनेको पूरा करने में अपना पूरा समय देते हैं तो आपका सपना पूरा होगा और आप भी दुनिया के बहुत बड़े सफल इंसान बन जाएंगे।

सफलता पाना है तो खुद पर विश्वास करना होगा क्योंकि सफलता का कुंजी आपके भीतर ही विद्यमान है। आपके सपने पूरा कोई नहीं कर सकता खुद आप ही कर सकते हो और इन सारे समस्या का समाधान आपके ही भीतर विद्यमान है आप जब तक अपने भीतर के शक्ति को नहीं पहचानें गे तब तक आप सफल नहीं हो पाएंगे आपको अपना सपना पूरा करना है तो आपको अपने सपने पर विश्वास करना होगा। सपने के साथ-साथ खुद पर विश्वास करना होगा अगर आप ऐसा करते हैं तो वह दिन दूर नहीं होंगे कि आपका जो सपना होगा वह पूरा होता हुआ दिखेगा, आप विश्वास करें अपने सपनों पर, अपने क्रियाओं पर, अपने उन तमाम सफलता में आने वाले रास्तों पर जो आपको एक सफलता की तरफ ले जाती है, जो आप को सफल बनाती हैं।

यहां मैं एक ऐसे व्यवसायी का जिक्र करूंगा जो भारतीय व्यवसाय की दुनिया में क्रांति ला दी,जिसका परिवार आज भी भारत के व्यवसाय की दुनिया में अपना जड़े जमाया हुआ है। वह परिवार धीरूभाई अंबानी का है। धीरूभाई अंबानी के भीतर आत्मविश्वास इतना भरा हुआ था कि वह अपनी पढ़ाई को छोड़ने के बाद व्यवसाय की दुनिया में पहला कदम रखते उन्होंने बाजार के उस सपने को देखा था। जिसमें वह एक बड़े सेल्समैन के रूप में प्रतिष्ठित हुए। एकबड़े सेल्समैन बनने में बहुत ही परिश्रम करना पड़ा। वह परिश्रम के साथ-साथ आए इतने आत्मविश्वास व्यक्ति थे,जो उस मार्केट के बड़े व्यापारी के रूपमें खड़ा होने में तनिक भी समय नहीं लगा है। आज उनकाभारत में अच्छे-अच्छे पैट्रोल रिफायनरी काउद्योग खड़ा किए हुए हैं। उनके परिवार के लोग उन भारत के संपत्ति कासबसे अधिक हिस्सा अपने पास रखे हैं, जो भारत का एक सर्वश्रेष्ठ धनवान के रूप में प्रतिनिधित्व करते है।

अगर धीरूभाई अंबानी ने अपने सपने को पूरा करने के लिए आत्मविश्वास का सहारा नहीं लिया होता तो आज वह भारत के सबसे

बड़े व्यापारी नहीं बन पाते उनका आत्मविश्वास की ताकत इतना था कि उनकी किए हुए कर्म को आज भारत के तमाम लोग उनको याद करते हैं। उनके जैसा बनने का प्रयास करते हैं।

क्या आप भी धीरूभाई अंबानी जैसे सबसे बड़े व्यवसायी बनना चाहते हैं? अगर आप बनना चाहते हैं तो इस किताब को पूरा पढ़ें यह किताब आपको सिखाएगी कीआप अपने जीवन में किस प्रकार सक्सेज पा सकते हैं। और सक्सेस पाने का क्या रहस्य है।

हमारे भारत देश में आए दिन बहुत सारे ऐसे युवा होंगे जो अपनी कॉलेज की पढ़ाई पूरा करने के बाद एक सफल व्यवसाय बनना चाहते होंगे, एक सफल क्रिकेटर बनना चाहते होंगे, एक सफल इंजीनियर बनना चाहते होंगे, एक सफल डॉक्टर बनना चाहते होंगे, एक सफल वैज्ञानिक बनना चाहते होंगे, इन सारे लोगों को अपने सपने का पूरा होने का इंतजारनहीं करना चाहिए, अपने सपने देखे हुए को पूरा करने में इस कदर लग जाएं कि हर क्षण आप के सपने को पूरा करने में सहायता करें और आप खुद पर विश्वास करें कि हां मैं यह सपना पूरा कर लूंगा यह सपना मेरा है, मैं ही इसे पूरा करूंगा अगर। आप ऐसे करते हैं तो आपका सपना पूरा होने में तनिक भी देरी नहीं लगे गी और आप भी उन तमाम इंजीनियर डॉक्टरबड़े व्यवसाय एक अच्छा लेखक बन सकते हैं। आपको सफलता प्राप्त करने में कोई अड़चन नहीं आएंगीजो आपको आपके सपने पूरा करने में बाधा उत्पन्न करें। अगर आप खुद पर भरोसा करते हैं तो यह बाधा उसी प्रकार खत्म हो जाएंगे जिस प्रकार एक व्यक्ति मंजिल की तलाश में निकलता है अपनी मंजिल तक आते-आते जितने सारे मोड़ पढ़ते हैं वह निकल जाते हैं लेकिन वह उन मोड़ों पर नहीं ठहरता है उसी प्रकार आप भी अपने सपने को पूरा करने के लिए इन तमाम बाधाओं से मुक्ति पाकर खुद पर आत्मविश्वास बनाते हुए आपको अपने राहों पर निकल जाना चाहिए आपका सपना ही आपका जीवन होना चाहिए अगर आप अपने सपने को आप जीना शुरू कर देते हैतो आपका सपना पूरा होता ही दिखेगा। आप अपने मंजिल को पानेमें थोड़ा सा भी विलंब नहीं कर पाएंगे।

आत्म विश्वास हीमनुष्य को सफल बनाता है।

5

विचारों पर नियंत्रण

हम अपने जीवन में कोई भी कार्य करने का आरंभ करता है तो उस में हमारे विचारों का बहुत ही बड़ा योगदान होता है 1 अगर हमारे विचार नहीं होते तो हमारा जीवन एक सूखे हुए तालाब के जैसा होता और हमारा जीवन एक अधूरे पान की समस्याओं से जूझ रहा होता 1 दुनिया के कोई भी धर्म संस्कृति संप्रदाय का आविष्कार इस विचार पर ही निर्भर होता है 1 दुनिया में किसी भी चीज का निर्माण करने में विचार का अहम भूमिका होता है 1 विचार हीमनुष्य को एक सर्वश्रेष्ठ आदमी बनाता है 1 विचार से ही पूरे दुनिया में अपना ख्याल प्राप्त करता है1 यह विचार ही हर पल हमको आगे बढ़ने के लिए मार्ग प्रशस्त करता रहता है 1

हम अपने मानव समाज में अपने विचारों के ही बल पर अपना प्रभुत्व काम कर पाते हैं 1 अगर हमारा विचार उत्तम है तो हम दुनिया में सबसे उत्तम व्यक्ति भी होंगे 1 अगर हमारा विचार उत्तम नहीं है तो दुनिया में सबसे खराब व्यक्ति कहलाएंगे1 हमको अपने विचारों को उत्तम बनाने का प्रयास करते रहना चाहिए 1 हमें अपनी हर पल अच्छे बुरे का ख्याल रखना चाहिए1 हम विचारों से महान होते हैं,हम विचारों से धनवान होते हैं, हम विचारों से ही सफल होते हैं, अगर हमारा विचार उत्तम नहीं होंगे तो हम कभी भी सफल इंसान नहीं बन पाएंगे 1 हमें सफल होना है तो हमको अपने विचार का विश्लेषण करना होगा और विश्लेषण करके अपने विचारों को शुद्ध करना होगा हमारे विचार हमारे समाज में

हम को बेहतर बनाने का प्रयास करता है और हमको हर खुशियां देता है जो हम पाना चाहते हैं। हम उस काबिल बन जाते हैं जिस का बिल हम बनना चाहते हैं। हम अपने विचार से ही दुनिया में पहचाने जाते हैं। हमें हमारा विचार ही हमको पहचान दिलाता है। इसलिए हमें अपने विचार का चयन शुद्ध रूप से करना चाहिए।

यहां मैं उस वैज्ञानिक के विषय में बताना चाहूंगा जो आज दुनिया को मंगल पर ले जाने की बात करता है। यहां तक पहुंचाने के लिए उसका सोच का बड़ा जादू है। वह अपनी सोच को साधा हुआ है। इस दुनिया में जितने लोग महान हुए हैं वे सभी लोग अपनी सोच के ही बदौलत हुए हैं। वह सोच ही उनको महान बनाया है।

हम लोगों को अपनी सोच को बड़ा करने का हर पल प्रयास करना चाहिए। अगर हमारे सोच बड़े नहीं होंगे तो हम कभी बड़े नहीं बन पाएंगे। हमको बड़ा बनना है तो अपनी सोच को बड़ा करना होगा और अपनी सोच को कभी मरने नहीं देना है। Elon Musk अपने सोच केही बदौलत आज सभी देशों में अपना डंका बाज आए हुए हैं। व्यावसायिक कौशल का प्रचार किए हुए हैं। आज पूरी दुनिया में उनके जैसा कोई ऐसा व्यक्ति नहीं है जो इतनी सटीक सोच को बरकरार रखें और अपनी सोच के बल पर असफलता को भी सफलता में बदल दे। आप लोग कई बार पड़े होंगे कि सफलता और असफलता से ही लिखी जाती है। अगर दुनिया में कोई असफल नहीं हुआ तोकभी सफल व्यक्ति नहीं बन सकता। हमें असफलता से घबराना नहीं चाहिए हमें अपनी सोच को बरकरार रखनीचाहिए। हम अगर अपने सोच को महत्व देंगे तो हम गरीबी,भूख मरी, लाचारी, बेरोजगारी, इन तमाम समस्याओं से दूर हो सकते हैं।

इस दुनिया में लोग उन्हीं को जानती हैं जो अपनी सोच की दृढ़ता के बल पर कुछ करने का प्रयास करते हैं। हां यह ठीक है कि आप कोई भी काम करने निकलें है तो आपके उस काम को पूरा होने में बहुत सारे दिक्कतें और बाधाएं आएंगे मगर हम अगर उन बाधाओं को हम देखेंगे तो हम कभी सक्सेस नहीं हो पाएंगे। अगर दुनिया में सफल होना है तो हम को उस बाधाओं को दूर कर आगे बढ़ते रहना चाहिए, कभी यह नहीं सोचना चाहिए कीहम अपने काम में असफल हो जाएंगे हर पल अपने

काम पर विश्वास करना चाहिए चाहे आप कोई भी काम कर रहे हो। चाहे आप पढ़ाई कर रहे हो, चाहे आप कोई व्यवसाय कर रहे हो, चाहे आप राजनीति कर रहे हो। यह सारे क्षेत्रों में आपको हर पल अपने विश्वास को बनाए रखना होगा। अपने सोच को मजबूती देनी होगी। आप अपनी सोच को मजबूती देते हैं तो आपको दुनिया में आगे बढ़ने से कोई रोक नहीं सकता है। आपको आगे बढ़ना है तो अपनी सोच को कभी मरने ना दे अगर आपकी सोच मर जाएंगी तो आप उस जीवित मुर्दे के समान होंगे जो जीवन तो रहेगा मगर चेतन खत्म हो जाएगी।

हमारा सोच ही हमारे विकास का साधन है।

अगर आप अपने विचार के साथ अपने फालतू विचार को नियंत्रण करना सीख जाएंगे तो आप सकारात्मक सोच को बढ़ावा देंगे। सकारात्मक सोचिए हमको आगे बढ़ने का रास्ता देता है और हर पल हम को प्रेरित करता रहता है कि हम इस सच सोच के ही माध्यम से आगे का काम करें। मनुष्य के दिमाग में दो प्रकार के विचार आते हैं पहला सकारात्मक विचार दूसरा नकारात्मक विचार। यह दोनों मनुष्य को अपने गिरफ्त में करने के लिए पुरजोर कोशिश करते रहते हैं जो मनुष्य को जीत लेता है उनको राजा बनने से कोई रोक नहीं सकता है। क्या आप भी

अपने काम में राजा बनना चाहते हैं? अगर आप बनना चाहते हैं तो आप सच और असत्य विचार को नियंत्रित करना सीख ले और इनका जोर अपनेऊपर चलने ना दें, अगर आप ऐसा करते हैं तो आप सफलता के दो कदम पार कर चुके होंगे। विचार नियंत्रण हमारे जीवन के लिए बहुत ही फायदेमंद होता है। हम एक ही विचार करें कि हमें क्या करना है? किस में हमें आगे जाना है। अगर आप यह निश्चय कर लेते हैं तो आप आगे बढ़ सकते हैं, और सफलता पा सकते हैं, हर व्यक्ति के लिए विचार नियंत्रण महत्वपूर्ण है। चाहे वह राजा हो, चाहे वह प्रधानमंत्री ह, चाहे कोई प्रभावशाली व्यवसाय हो, चाहे शिक्षक हो, चाहे छात्रहोंसभी के लिए विचार नियंत्रण लाभ परख है। यह सब को आगे बढ़ने में बहुत मदद करता है।

यहां हम सचिन तेंदुलकर के विषय में जानेंगे जिन्होंने क्रिकेट जगत में वह ख्याति प्राप्त किए हैं जो आज तक कोई कह नहीं पाया,उन्हीं के साथ बहुत सारे ऐसे खिलाड़ी हुए हैं जो उनके साथ खेला करते थे 1 हम उनके पहले भी बहुत सारे ऐसे खिलाड़ी होंगे, वह भी खेला करते थे 1 मगर जो सचिन तेंदुलकर ने किया वह दुनिया के किसी भी खिलाड़ी ने नहीं कर पाया 1 उनकी इसी कर्म के वजह से दुनिया उनको क्रिकेट का भगवान भी कहता है 1 उनको बहुत ही प्रसिद्धि प्राप्त है 1 आज वह भी अपने विचार पर नियंत्रण नहीं किए होते तो उनका जिंदगी उन्हें सभी क्रिकेटरों जैसे हो जातीजो लोग खेले तो सही मगर वह रिकार्ड नहीं कायम कर पाए जो सचिन तेंदुलकर ने कर दिखाया 1 अगर सचिन तेंदुलकर अपने विचारों पर नियंत्रण नहीं किए होते हैं तो वह भी एक असफल प्लेयर के जैसे होते 1

विचार नियंत्रण ही हमको हर पल कामयाबी के शिखर तक पहुंचाता है 1 हमको कामयाबी दिलाता है, अगर आपको कामयाब बनना है, तो विचार नियंत्रण करना सीखें और जो विचार आपके आगे भविष्य को सुनहरा करने वाला हो उसी विचार पर अपना बनाएं 1 अगर आप ऐसा करते हैं तो आपका विचार के साथ यह शरीर मिलकर काम करेगी और आपके विचार को एक जीवित रूप देने में मदद करेंगे 1 हम अपने विचार नियंत्रण से हीहर वह चीज पा सकते हैं जो हम कामना किया है 1 हम अपने विचार नियंत्रण से ही लोगों के विचारों को भी समझ सकेंगे और उनके भावनाओं का भी कद्र करेंगे, अगर हम विचार नियम के इस छोटी सी बातों को जान जाते हैं हम सफल इंसान के करीब पहुंच जाएंगे और सफलता हमको परम सुख प्रदान करेगी 1 हम सुखी होंगे हमारे साथ -साथअन्य लोग भी सुखी होंगे इसका पूरा प्रभाव विचार नियंत्रण का ही रहेगा1

6

विचार को वास्तविक बनाएं

मानव जीवन दुनिया का सबसे सर्वश्रेष्ठ जीवन माना जाता है 1 मानव अपनी बुद्धि और विवेक के बल पर ही पूरे दुनिया में अपना राज कायम किया हुआ है1 मानव को विकसित करने में और उसको सफलता दिलाने में उसका विचार का बहुत महत्व रहता है1 अगर हमारा विचार सही तरीका से हो तो हम अपने विचार के ही बल पर पूरे समाज पर अपना प्रभाव बना सकेंगे 1 दुनिया के जितने लोग हुए हैं वह सभी लोग अपने विचारों के ही बल पर जगत को जीत लिया है 1 क्या आप भी जगत को जीतना चाहते हैं? क्या आप भी दुनिया को बताना चाहते हैं कि आप कौन हैं? क्या आप भी अपना डंका पूरे दुनिया में बजाना चाहते हैं? तो चलिए मैं आपको दुनिया में डंका बजाने का अनमोल रत्न देता हूं 1

आप अपने जीवन में जो कुछ भी सोचे हुए हैं, जो कुछ भी बनना चाहते हैं, तो अपने विचारों को ऊंची उड़ान प्रदान करें, अगर आप अपने विचारों को ऊंची उड़ान नहीं देंगे तो आप दुनिया में अपना वर्चस्व कायम नहीं कर पाएंगे, आपको शायद पता होगा कि दुनिया का कोई भी बड़ा काम विचार से शुरू होता है, और विचार की ताकत सेदुनिया को बदला जाता है 1 इसको समझना चाहते हैं, तो चलिए- मैं एक छोटे से कलाकार का जिक्र कर रहा हूं- एक छोटा सा कलाकार हो या बड़ा सा कलाकार हों

वह अपने चित्र को सबसे पहले अपने दिमाग में बनाता है। उस दिमाग में बने हुए कल्पना को विचारों के माध्यम से हाथों तक लाता है फिर कलम के माध्यम से उसे किसी कागज पर उतारता है तब हमको देखने को मिलता है कि उसकी कला कितनी सुंदर है। तब उसको पता चलता है कि उसने इतना सुंदर सोचा था जिससे उसकी कला निखर आती है और दुनिया में वह सबसे प्रसिद्ध हो जाता है।

आपने मोनालिसा का पेंटिंग देखा होगा यह पेंटिंग दुनिया का सबसे रहस्य मई पेंटिंग माना जाता है। यह पेंटिंग सबसे पहले लियोनार्डो द विंची के दिमाग में बने थे इन्होंने अपने दिमाग की उपज को कोरे कागज पर ऐसे उकेरा कीवह पेंटिंग उसको इतना महान बना दिया। आज भी दुनिया के सबसे सर्वश्रेष्ठ चित्रकार के रूप में हम उनको जानते हैं। आप भी अपने दिमाग में जो कुछ भी करने के विषय में सोचे हैं, उन सारे क्रियाओं को जीवित रूप प्रदान करें अगर आप भी ऐसे करता है तो वह दिन दूर नहीं होगा जो आप भी इस दुनिया के सबसे श्रेष्ठ इंसान बन जाएंगे आपका सोच चाहे किसी भी क्षेत्र में हो आप अपने दिमाग में बनाए गए कल्पना या विचार को जीवित प्रदान करेंगे तो आप भी काबिल बन जाएंगे।

दुनिया का कोई भी ऐसा व्यक्ति नहीं है जो आपको काबिल बना सके अगर काबिल आप बनना खुद नहीं चाहते हो। आपको सबसे पहले खुद पर विश्वास करने चाहिए। खुद पर विश्वास करनेके साथ-साथ अपने विचारों को ऊंचा उड़ने के लिए अनुमति देना चाहिए, तभी आप इस दुनिया में एक सफल इंसान बन पाएंगे, अन्यथा आप भी उन्हीं लोगों में शामिल हो जाएंगे जो लोग दुनिया को गरीबी और लाचारी दिया है। अगर इन चीजों से आपको ऊपर उठना है तो आपको अपने विचारों को जीवित रखना होगा, अगर आप अपने विचारों को जीवित रखते हैं तो आप हर कोई ऐसा काम कर पाएंगे जो आप करना चाहते हैं। हमको अपने विचारों का सम्मान करना चाहिए अगर हम अपने विचारों को सही तरीका से प्रयोग करते हैं तो हमारे ही विचार हमको आगे ले जाएगी और हम दुनिया के सफल इंसान बनेंगे। हमको हमारे विचार ही महान बनाते हैं। आज दुनिया में जितने भी महान पुरुष हुए हैं, वह सारे लोग अपने

विचारों को आजादी दिए थे और अपने विचार को मजबूती से रखे थे 1 यही कारण है कि आज वह दुनिया में मर जाने के बाद भी सम्मानित रहते हैं 1 हमको अपनी सोचे हुए जितने भी कार्य हैं उसको करते रहना चाहिए चाहे वह पढ़ना हो, चाहे लेखक बनना हो, चाहे डॉक्टर बनना हो, चाहे इंजीनियर बनना हो, इन सारी चीजों को पूरा करने के लिए विचार की स्वतंत्रता बहुत ही आवश्यक होती है 1 ईसदुनिया में जो कुछ भी हो रहा है उसका ध्यान ना दे, जो नहीं हुआ है उसका ध्यान देना चाहिए, अगर हम ऐसा करते हैं तो हम सफलता के दो कदम आगे ही बढ़ेंगे 1

हमको अपने विचार को जीवित बनाने के लिए विचार के अनुकूल कार्य करना होगा, अगर हम ऐसा करते हैं तो हमारा हर काम सफल होगा और हम हर कार्य में सफलता के हकदार हो जाएंगे 1 यहां मैं एक उदाहरण प्रस्तुत कर रहा हूं-

" मान लीजिए कि आप एक अच्छा इंजीनियर बनना चाहते हैं तो आपको इंजीनियर केतरह सोचना पड़ेगा तभी आप सफलता पा पाएंगे 1 अगर आप इंजीनियर बनना चाहते हैं लेकिन इंजीनियर बनने के लिए जो भी काम करना चाहिए हैं वह आप काम नहीं करते हैं तो आप कभी सफल नहीं हो पाएंगे,अगर आपको इंजीनियर बननाहै तो आप को हाथों में भविष्य देखना बंद कर देना होगा 1 यह बात मैं ग्रामीण में रहने वाले सभी युवाओं को बताने का प्रयास कर रहा हूं क्योंकि हाथों में भविष्य नहीं है इसलिए हमको हर पल शिक्षा से लैस होना पड़ेगा और नई तकनीकी का खोज खाना पड़ेगा"

हम देखते हैं कि अपने भारत देश मेंप्रतिभा की कमी नहीं है 1 अगर इन प्रतिभा को भारत सरकार द्वारा सामान्य दीया जाता तो भारत के ही प्रतिभा के वजह से पूरे दुनिया का विकास होता 1 आज के युग में दुनिया के सभी देश के लोग तकनीकी शिक्षा से लैस हो रहे हैं और अलग-अलग आविष्कार कर रहे हैं जिनकी वजह से उनका देश का विकास हो रहा है मगर यही हम भारत देश को देखते हैं तो भारत देश के बच्चों के पाठ्यक्रम में धर्म अधर्म जाति प्रथा इन सारी चीजों को पढ़ाया जाता है अगर इन सारी चीजों को बदलकर हम तकनीकी ज्ञान प्रदान करें तो आज हम भी दुनिया के सबसे शक्तिशाली देशों में शुमार हो जाएंगे 1

हमारे देश से गरीबी, भुखमरी, बेरोजगारी,लाचारी सारे समस्याएं खत्म हो जाएंगे,अगर कोई भी व्यक्ति इन सारी समस्याओं को दूर करने का सपना देखता है, और उसे पूरा करने का साहस करता है तो वह अपने सपनों को जीवित रखकर पूरा कर पाएगा । यह सोच हमारे जीवन को एक उत्तम बनाएंगे और पूरे देश को सर्वश्रेष्ठ देशों में शामिल करेंगे ।

आज के युग में सफलता उनको प्राप्त हो रही है जो लोग अपने विचारों को वास्तविक बनाना जानते हैं । दुनिया में कम ही लोग ऐसे हैं जो अपने विचारों को वास्तविक बनाकर खुद को दुनिया से अलग प्रतीत होते हैं और दुनिया को एक अलग दुनिया में परिवर्तित कर रहे हैं । उन्हीं के पास यह परिवर्तन करने की क्षमता है जो विचारों को सर्वश्रेष्ठ मानते हैं और अपने विचार को हर पल ताकत देते रहते हैं चाहे आप BEL guests को देखें, चाहे आप ElanMax को देखें, चाहे आप Josh bijous को देखे । यह सभी लोग दुनिया के सबसे सफल इंसान माने जाते हैं । यह लोग जो विचार करते हैं उस विचार को वास्तविक बनाने में अपने समय के हर पहलू को लगा देते हैं, जिसके कारण उनके मन में बने विचार भी वास्तविक रुप से दिखाई प्रतीत होती है । वह ऐसा कर दिखाते हैं जिसको देखकर दुनिया हैरान हो जाते हैं । इनकी शक्ति उनके विचार ही है जो अपने विचार के ही बल पर दुनिया को एक नया आयाम दे रहे हैं । आप भी चाहेंगे तो आप भी अपने विचार का उड़ान उड़ सकते हैं और अपने विचार से ही दुनिया को जीत सकते हैं । आप भी दुनिया को परिवर्तन करने में अपना अहम भूमिका निभाएंगे । आज दुनिया कहां से कहां बढ़ गए हैं पहले इंसान जमीन पर अपना वर्चस्व कायम करता था । लेकिन आज वही इंसान चंद्रमा और मंगल की तैयारी कर रहा है । यहां तक जाने में मनुष्य का विचार ही ऐसा ताकत है जो मनुष्य को हर पल सफल बनाता है । इसलिए कहा गया है कि-

एक उत्तम विचार का मानव जीवन में बहुत ही उपयोगी साबित होता है जिससे हम मनुष्य अपने जीवन को सुख में बनाते हैं

7

सृजन करता बनिए

दुनिया के जितने महापुरुष हुए हैं उनको आप देखेंगे तो उनके भीतर एक ही विशेषता दिखाई देती है 1 वह विशेषता संघर्ष करने की है 1 यही उनके महानता का कारण बना और इन्हीं गुणों से वह दुनिया में सभी मानव में सबसे श्रेष्ठ हो गए उनकी गाथा आज भी सुनाई जाती है 1 उनको आज भी पढ़ाया जाता है,उनके विचारों को आज भी पालन किया जाता है, उनके भीतर सृजन करने की शक्ति विद्यमान थी 1 इसी सृजन की शक्ति के वजह से वह अपने जीवन में कामयाब और सफल इंसान के रूप में प्रतिष्ठित हुआ है 1

क्या आप भी सफल इंसान बनना चाहते हैं? तो आइए आज हम आपको बताएंगे कि सफलता का रहस्य क्या है? आखिर दुनिया में इतने सारे लोग होते हुए भी कुछ ही लोग सफल क्यों हो पाते हैं? उन सारे लोगों में वही लोग दौलतमंद,शोहरत मंद और सामाजिक, आर्थिक, राजनीतिक रूप से मजबूत हो पाते हैं 1 आपने कभी ना कभी सोचा होगा कि मैं भी सफल इंसान बनुगा, अगर आप ऐसा सोचते होंगे तो अवश्य बनेंगे, मैं आपको बताऊंगा कि सफलता क्या है? सफलता कैसे पाएजाते हैं 1 आपने ऊपर मोटी लाइनमें देखा होगा,जिस में सृजन शब्द रखी गई है क्या आप जानते हैं सृजन शब्द क्या है? हां उसे जानते होंगे क्योंकि बचपन से लेकर आज तक आप यही सृजन शब्द के पीछे भागते आए हैं 1 हर पल यह आप सोचते होंगे कि यह सृष्टि की उत्पत्ति कैसे हुई होंगी 1

यह पौधे कैसे उत्पन्न हुए होंगे। हम कैसे उत्पन्न हुए होंगे। यह तमाम प्रकार के प्रश्न आपके दिमाग में घुमता होगा और आप इसे खोजने के लिए हर पल तैयार रहते हैं और खोज कर आप पाएंगे कि सृष्टि की उत्पत्ति कारण कार्य के आधार पर होती है। आपको पता होगा कि आम की उत्पत्ति आम के ही बीज से उत्पन्न हुई हैं, मनुष्य की उत्पत्ति मनुष्य के ही द्वारा हुई है,तो आप इतने से ही समझ जाएंगे कि इस दुनिया में जितनी भी सफलता की उत्पत्ति किस से होती है। इन सारी सफलता और असफलता का कारण मनुष्य ही होता है। अगर मनुष्य अपने विचारों से दुनिया को जीतने का संकल्प लेता है तो वह सृजन प्रक्रिया को अपनाता है और दुनिया का सबसे सर्वश्रेष्ठ इंसान बन जाता है। अगर मनुष्य के अंदर सृजन करने की क्षमता ना हो तो। वह भी मनुष्य एकदम बेकार जिंदगी व्यतीत करने लगता है,तो इसमें किसकी अधिक मात्रा है। इन सारी चीजों को हम बताने के बाद हमें यह पता चलता है कि मनुष्य ही वह सर्वशक्तिमान व्यक्ति है जो हर काम को सफलता पूर्वक कर सकता है इसका श्रेय उसके सोचने,समझने, बुद्धि और सृजन प्रक्रिया के ही बल पर होती है।

आप यह दुनिया देख रहेहै जो इस दुनिया को बनाने में हर अणु परमाणु सहयोगी है। इस दुनिया को इस काबिल बनाए हुए हैं। उनके भीतर एक ही प्रक्रिया दिखाई देती है जो सृजन प्रक्रिया चाहे आप जिस भी पर्दा को देखना चाहेंगे हर पदार्थ सृजन करता रहता है। इसी सृजन के कारण हमारे जीवन में या पूरे प्रकृति में परिवर्तन आते हैं। सृजन का मतलब ही होता है कि हम अपने द्वारा शक्ति एकत्रित किए हुए हैं। वह सत्य किसी और को देना फिर नया सृजन करना। आप जो भी कुछ हो आपको बनने में बहुत सारे ऐसे लोगों का सहयोग है जो आपको दिखाई नहीं देती है। वह सहयोग हमारे पूर्वजों का है। आपने कभी सोचा है कि हमारे पूर्वजों के ही बदौलत हम आज यहां खड़े हुए हैं। दुनिया के किसी भी पदार्थ को देखेंगे तो आप पाएंगे कि उनमें उनके पूर्वजों का ही कुछ अंश होता है। जो उनको इस काबिल बनाया हुआ है। पूर्वज नहीं होते तो हम यहां तक नहीं आए होते हैं। ना ही इस प्रकार के हम सोच रख पाते। ना ही इस दुनिया को हम बदल पाते हैं। यह बदलाव और सृजन हर

पल चलते ही रहते हैं 1 इसमें विनाश भी होता रहता है 1 अगर विनाश नहीं होता तो सृजन कैसे होता 1 आप हर वस्तुओं को देखेंगे तो उनमें एक विशेषता होती है 1 वह विशेषता ही उसको आगे बढ़ने में मदद करती है 1 वह विशेषता सृजन है 1

हम यहां कविता लिखने वाले एक कवि की बात करें तो वह कविउस समय अपने सृजन प्रक्रिया को ही इस्तेमाल करता है और एक सुंदर काव्य लिख देता है 1 जिसको दुनिया पड़ती है और उसे ख्याति भी प्राप्त होता है 1 वह इंसान सफल इंसान बन जाता है 1 फिर यही एक और उदाहरण देते हुए मैं बताना चाहूंगा कि आप दुनिया के जितने भी ऐसे इमारत देखे होंगे जो दुनिया को गौरव प्रदान करते हैं 1 उसमें भी एक सृजन करता का अंश छिपा होता है 1 वह अंश क्या है? तो वह अंशसृजन करता इंसान का सृजन प्रक्रिया ही है 1

आप अपने पूर्वजों द्वारा लिखित ग्रंथों में भी पढ़ेहोगा कि वह अकाश का यात्रा किए हुए थे 1 यह बहुत सारे ऐसे देश के मिथक कथाओं में भी आकाश की यात्रा करने के बहुत सारे ऐसे विधियां को प्रदर्शित की गई है 1 आप भारत के मिथक कथाओं में भी देखते हैं तो उसमें पुष्पक विमान का जिक्र किया गया है और उस पुष्पक विमान में बताया गया है कि उस समय के जो भी राजा हुआ करते थे वह लोग उसी पुष्पक विमान से आकाशी यात्रा किया करते थे 1 फिर आप और कुछ अंशों को पढ़ेंगे तो उसमें बताया जाता है कि सूर्य और चंद्रमा के लोग हमारे धरती पर आया करते थे 1 यह आज तक मिथक ही है 1 लेकिन मनुष्य के तीक्ष्ण सृजन शक्ति के ही बल पर आज हम चंद्रमा और मंगल तक सफर कर रहे हैं 1 अपने पूर्वजों के मिथक कथाओं को साकार रूप दे रहे हैं 1 चंद्रमा और मंगल तक हम सफर कर रहे हैं 1

आप दुनिया के किसी भी क्षेत्रमें जाना चाहते हैं 1 उसमें सफलता पाना चाहते हैं 1 तो आप देखेंगे कि उस क्षेत्र में कोई ऐसा इंसान होगा जो उस क्षेत्र का महारथी होगा1 चाहे आप क्रिकेटर बनना चाहते हो, चाहे आप व्यवसाय बनना चाहते हो,चाहे आप वैज्ञानिक बनना चाहते हो, चाहे आप डॉक्टर बनना चाहते हो, सारी चीजों का करने वाला एक इंसान ही होता है 1 अगर वह इंसान कर सकता है तो आप क्यों नहीं कर सकते हैं

आप व्यवसाय में देखते हैं कि एलन मस्क और जेफबेजोस जैसे बहुत सारे ऐसे बिजनेस मैन है जो अपनी सृजन प्रक्रिया के ही बल पर दुनिया को अचंभित किए हुए हैं। जब वह कर सकते हैं तो आप क्यों नहीं कर सकते हैं। आप भी सृजन करता बनिए अगर आप सृजन करता नहीं बनते हैं तो दुनिया आपको ठोकर मार देगी और आगे निकल जाएगी। फिरआप वहीं के वहीं रह जाएंगे और खुद को कोसते है दुनिया उनको याद नहीं करते है मगर सृजनकरता को ही सम्मान करते हैं।

दुनिया में सृजन करता बनिया उपयोग करता नहीं,दुनिया सृजन करता को ही जानती है उपयोगकर्ता को नहीं।

8

खोजकर्ता बने

खोज शब्द दुनिया का एक ऐसा शब्द है जो इस शब्द के कही बातों कों अपनाया वह दुनिया का सबसे सर्वश्रेष्ठ इंसान बन गया 1 अगर यह शब्द दुनिया में नहीं होता तो मनुष्य कुछ कर नहीं पाता 1 दुनिया वैसे की ही वैसे ही रह जाते जैसे बहुत सारे ऐसे धातु ए हमको मिले पहली अवस्था में, जिसका उपयोग करना हमारे लिए बहुत ही अजीब लग रहा था 1 लेकिन हम मनुष्य अपने दिमाग और क्षमता के बल पर उन सारे धातुओं को अपने जीवन में उपयोग करना सीख गए1 जैसे आप देखते हैं कि जितने पक्षी वृक्ष पहले बैठे थी और आज भी बैठती है 1 लेकिन पहले के लोग उन वृक्षों के सखा और फलों को सही तरीके से उपयोग नहीं कर पाते थे 1 मगर आज हम लोग उन्हीं वृक्षों के सखाको काटकर और उनके फलों को लेकर बहुत सारे ऐसे यंत्र तैयार किए हुए हैं जो हमारे जीवन को सहज बनाते है 1

आज दुनिया में खोज नाम का शब्द नहीं होता तो हम आज भी धरती पर ही रहते हैं 1 लेकिन या खोज शब्द ही हमको चंद्रमा और मंगल तक ले जाने में सक्षम बनाया है 1 आज हम अपने विरोधियों से लड़ने के लिए बहुत सारे ऐसे रासायनिक हथियारों को बनाकर इस्तेमाल करके अपनी रक्षा करते हैं 1 बहुत सारे ऐसे फ्लाइट हमने बनाया है जिससे हम एक जगह से दूसरी जगह पर आसानी से चले जा सके बहुत सारे ऐसे यंत्र भी हैं 1 जो हमको दूर बैठे व्यक्ति को आवाज सहित उसके चेहरा भी देखने

में मदद करता है। चाहे वह पृथ्वी के किसी भी कोने में हो हम उससे बात कर सकते हैं।और अपने जीवन के हर पल को उस में साझा कर सकते हैं। यह सारा यंत्र खोज केही बदौलत हुआ है। अगर हमारे भीतर खोज करने की जिज्ञासा नहीं उत्पन्न होतीतो हम कुछ नहीं कर पाते। यही जिज्ञासा हमको इस काबिल बनाई है जिससे हम अपने जीवन को अन्य प्राणियों की अपेक्षा सरल और सहज बना लिए हैं। और सुख पूर्वक जीवन व्यतीत कर रहे हैं।

यह सारे सुख सुविधा का कारण वे लोग बने जो मानव कल्याण के लिए हर पल अपनी सोच और विचारों के माध्यम से ऊंचा उठाने का प्रयास कर रहे थे। चाहे वह धार्मिक रूप से खोज की गई हो, चाहे वह भौतिक रूप से खोज की गई हो, चाहे वह रासायनिक रूप से खोज की गई हो, चाहे वह वैज्ञानिक रूप से खोज की गई हो,हर प्रकार की खोज में उन मनुष्यों का बड़ा योगदान है जिन लोगों ने हमको यह सभी साधन उपलब्ध कराए हैं। जिससे हम अपने जीवन को सुंदर और सजीला बना लिए हैं। हमें कहीं भी किसी भी कार्य को करने में थोड़ा सा भी कष्ट नहीं होता हैऔर उस कार्य को हम सफलता पूर्वक पूरा कर लेते हैं। क्या आप भी उन लोगों में मशहूर होना चाहते हैं जिन्होंने तमाम प्रकार के खोजी हुए हैं। जो अपनी खोज के बल पर दुनिया को जीत लिया। आज भी उनका नाम पूरे विश्व में शुमार है। चाहे वह जेम्स वाट हो,चाहे वह अल्बर्ट आइंस्टाइन हो,चाहे वह गलेलियो हो, चाहे अरस्तु प्लेटो हो यह सभी महान लोग अपनी खोज के ही बल पर दुनिया को जीता हुआ है। इन सभी लोगों को दुनिया जीतने के लिए किसी अस्त्र शास्त्र का प्रयोग नहीं करना पड़ा इनका खोजी मस्तिष्क है। अगर आप भी दुनिया को जीतना चाहते हैं तो आप भी खोजी इंसान बने, और अपने जीवन को एक लक्ष्य प्रदान करें,और उस लक्ष्य को पूरा करने के लिए तमाम प्रकार के हथकंडे को अपनाकर उसे पूरा कीजिए। वह पूरा खोजी दिमाग के ही द्वारा होता है चाहे आप दुनिया के किसी भी घटना घटे हुए का अपने खोजी दिमाग से अलग परिणाम दिखाना चाहते होतो आप दिखाइए अगर आप ऐसा करते हैं तो दुनिया के उन सभी प्रतिष्ठित लोगों में आप भी आ जाएंगे। जिन्होंने दुनिया को वह मकाम दिया जो कोई नहीं दे

सका